Werner Färber

Kleine Geschichten vom klugen Hund

Illustrationen von Dorothea Tust

Die Deutsche Bibliothek – CIP-Einheitsaufnahme

Kleine Geschichten vom klugen Hund / Werner Färber.
– 1. Aufl. – Bindlach : Loewe, 2000
ISBN 3-7855-3612-7

*Der Umwelt zuliebe ist dieses Buch
auf chlorfrei gebleichtem Papier gedruckt.*

ISBN 3-7855-3612-7 – 1. Auflage 2000
© 2000 Loewe Verlag GmbH, Bindlach
Umschlagillustration: Dorothea Trust

Inhalt

Regen aus heiterem Himmel

Bonzo liegt vor seiner  .

Er passt auf Benjamin auf.

Benjamin ist noch ein  .

Er schläft in seinem  ,

der unter dem  steht.

Die  zwitschern. Sonst ist

es fast vollkommen still.

Nur der  zischt leise

vor sich hin und beregnet die

 und die .

Plötzlich schreckt der

hoch. Wer wagt es, ihn nass zu

spritzen? Der  hat sich

selbstständig gemacht.

Wie eine wild gewordene

 wirbelt er hin und her.

Dicke  klatschen auf

den  und auch auf

Benjamins  .

Bonzo versucht, den

zu packen. Dabei wird er ganz

nass. Der  peitscht

weiter hin und her. Was soll der

 nur machen? Bonzo bellt.

Doch niemand kommt aus

dem  , um ihm zu helfen.

Bonzo muss den

selbst wegschieben.

Unter dem  ist es trocken.

Benjamin hat nichts gemerkt.

Lächelnd schläft er weiter.

Jetzt muss nur noch jemand

den ![Wasserhahn] zudrehen.

Bonzo bekommt Finderlohn

Julia und Tobias gehen mit

ihrem  spazieren.

Sie wollen zum  .

Dort ist eine große  .

Sie lassen Bonzo von der

und spielen mit dem  .

Der  jagt hin und her.

Immer wieder versucht Bonzo,

den  zu schnappen.

Versehentlich lässt Tobias den

 in den  rollen.

Bonzo rast über die

und läuft hinaus auf den  .

Ganz vorne bleibt er stehen.

„Los, Bonzo! Spring rein! Hol

den 🎾 !", ruft Tobias.

Doch der  mag heute

nicht baden. Mit einem langen

 angeln Julia und Tobias

den  aus dem .

Bonzo sitzt im  und wartet.

Endlich spielen die

weiter. Tobias wirft, Julia greift

daneben. Der  verschwindet

unter den . Bonzo saust

wie ein  hinter ihm her.

Doch er findet nicht den  ,

sondern einen  . Bonzo

legt ihn den  vor die

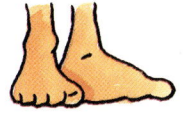 . Die beiden machen den

 auf und schauen hinein.

„Da ist aber viel  drin", sagt

Julia. „Und hier ist auch noch

ein  ", sagt Tobias. Sie

nehmen Bonzo wieder an die

 und gehen zur  .

Dort erzählen sie einer netten

, dass Bonzo den

 unter einem

gefunden hat. „So ein kluger

 ", sagt die . Sie

krault Bonzo hinter den .

„Wie könnte man dich denn

belohnen?", fragt sie. „

mag er unheimlich gern", sagt

Tobias. „Seinen  haben wir

auch verloren", meint Julia.

Bald darauf klingelt der

an der  . Er bringt ein  .

„Für Bonzo", steht darauf.

Die  machen es auf.

Bonzo bekommt zwei

mit leckeren  und

einen neuen  .

Ein kluger Hund

Bonzo ist ein kluger  .

Manchmal geht er sogar

einkaufen. Mama legt ihm einen

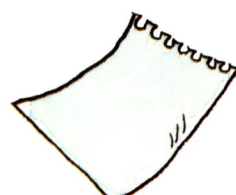 und das abgezählte

in den  . Bonzo trägt den

 zwischen den  . Er

geht die 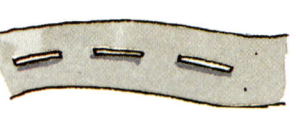 entlang.

Am  läuft er hinüber

zur ![Schaufenster] . Vor der ![Tür]

muss Bonzo warten, bis ihn

jemand hereinlässt.

„Hallo, Bonzo", begrüßt ihn der

 . „Na, was soll es denn

heute sein?" Der  liest

den  und lacht.

Bonzo legt den  schräg.

Irgendetwas scheint nicht zu

stimmen. „Auch ein kluger

kann sich mal irren, Bonzo",

sagt der  .

Er legt den  zurück und

führt Bonzo am  nach

nebenan in die  .

Bonzo soll heute gar keine

 kaufen. Auf dem

steht: 8  , 4

und eine  . Der

legt alles in den  .

Er nimmt sich das

und lässt Bonzo wieder hinaus.

Vor der  stellt Bonzo den

 noch einmal kurz ab.

„Wuff!", bellt er. Das bedeutet:

„Danke schön!" Bonzo ist eben

nicht nur ein kluger, sondern

auch ein sehr höflicher .

Jagen verboten

Bonzo legt sich flach ins hohe

. Nur noch seine

sind zu sehen. Der  hat

etwas im  entdeckt.

Bonzo schnüffelt. Was mag das

sein? Vielleicht eine  ?

Oder ein  ?

Eigentlich soll Bonzo nicht

jagen. Das weiß er ganz genau.

Aber für einen  gibt es nun

einmal nichts, was schöner ist.

Vorsichtig pirscht er sich näher.

Die  rascheln.

Immer wieder hält er den

hoch und schnüffelt. Da! Er

sieht einen roten  .

Das ist keine . Und auch

kein . Vielleicht ein

kleines  ?

Plötzlich hält Bonzo inne. Zwei

👁 👁 funkeln ihn an. Nein, das

ist kein 🐿 . Das ist Lilli,

die freche 🐈 von nebenan.

Fauchend kommt sie unter dem

 hervor. Nun hat es der

 plötzlich sehr eilig.

Lillis scharfe  hat er erst

neulich zu spüren bekommen.

Wie ein geölter ⚡ jagt Bonzo

davon. Pfeilschnell saust die

hinter ihm her.

Quer über die , unter dem  hindurch, die  hinauf, zur offenen  hinein.

Gerettet. Die  traut sich nicht ins fremde .

Jetzt ist Bonzo plötzlich mutig.

Er baut sich vor der  auf

und bellt sie aus.

„Bonzo, still!", ruft Julia.

„Du sollst doch die arme

kleine  nicht immer jagen."

Bonzo will nicht fressen

„Der Nächste, bitte", sagt

die  . Tobias geht

mit Bonzo zu ihr hinein.

„Wie heißt du denn?", fragt die

 . „Bonzo", antwortet

Tobias. „Das glaube ich nicht",

sagt die  .

„Ist aber wahr", sagt Tobias.

„Ich wollte doch wissen, wie du

heißt", sagt die  lachend.

„Ach so. Ich heiße Tobias."

„Und, was fehlt deinem Bonzo?"

Der  schaut traurig auf

seinen . „Er kommt nicht

aus seinem  und lässt den

 stehen", sagt Tobias.

„Ist irgendetwas Besonderes

passiert?", fragt die .

Tobias überlegt. „Weiß nicht.

Doch, ich bin vorgestern sieben

geworden, und wir haben gefeiert."

„Aha, verstehe", sagt die  .

„Da hast du doch bestimmt eine

große  bekommen. Und

vielleicht auch  und ganz

viel  ." Der  nickt.

„Könnte es sein, dass auch

dein  etwas davon

abbekommen hat?", fragt

die . Tobias nickt wieder.

„Die  haben ihn dauernd

gefüttert. Obwohl ich gesagt

habe, dass Bonzo keine

 bekommen soll",

anwortet er.

„Ich glaube, deinem  ist

einfach nur schlecht", sagt die

. „Morgen geht es ihm

sicher wieder besser.

Wenn du ihm keine

mehr gibst." „Ganz bestimmt nicht",

sagt Tobias. Er ist froh, dass

sein  nicht wirklich

krank ist.

Schnapp die Wurst!

„Deckt ihr bitte den ?", fragt

Mama. Julia holt  und

. Tobias legt  und

 hin und verteilt die .

Bonzo springt aus seinem  .

Es duftet verlockend.

„Was gibt es heute?", fragt

Julia. Mama hebt den  .

In der  brutzeln

vier leckere .

„Und was gibt es dazu?", fragt

Tobias. „", sagt

Mama. „Dann brauchen wir

noch ", meint Tobias

und geht zum  .

Schnuppernd kommt Bonzo an

den  . Er wedelt

aufgeregt mit dem  .

„Raus!", sagt Mama streng

und zeigt zur  .

Bonzo senkt den  und

trottet davon. Er kann doch

wirklich nichts dafür, dass

 so lecker duften.

Während sie essen, sitzt der

geben", sagt Julia bedauernd.

Mit flehenden 👁 👁 schaut

Bonzo zu, wie sie die 🍴 in

den 👄 schiebt. Tobias

säbelt auf seiner 🌭 herum.

Plötzlich rutscht das 🔪

weg. Die halbe 🌭 flutscht

vom 🍽 und landet auf dem

🔲 . „Tobias, pass doch

auf", sagt Papa vorwurfsvoll.

„Bonzo! Aus!", ruft Mama

streng. Der  gehorcht

tatsächlich. Sehnsüchtig blickt

er auf die ▬. „Jetzt ist sie

schmutzig", sagt Julia.

Mama gibt sich geschlagen.

„Aber nicht am  . Leg sie in

den  ." So kommt

Bonzo schließlich doch

noch zu seiner  .

Die Wörter zu den Bildern:

 Hundehütte

 Hund

 Baby

 Schlange

 Kinderwagen

 Tropfen

 Sonnenschirm

 Haus

 Vögel

 Baum

 Gartenschlauch

 Wasserhahn

 Blumen

 See

 Busch

 Wiese

 Leine

 Geld

 Ball

 Ausweis

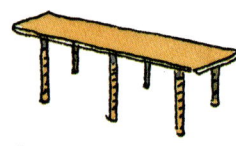 Steg

 Polizei

 Ast

 Polizistin

 Gras

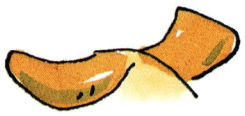 Ohren

 Kinder

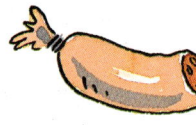 Wurst

 Pfeil

 Postbote

 Geldbeutel

 Tür

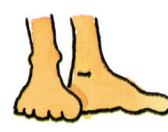 Füße

 Paket

 Dosen

 Halsband

 Zettel

 Bäckerei

 Korb

 Brötchen

 Zähne

 Brezeln

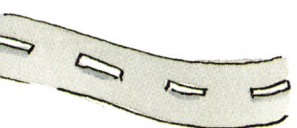 Straße

 Zeitung

 Zebrastreifen

 Bäcker

 Fleischerei

 Maus

 Fleischer

 Kaninchen

 Kopf

 Blätter

 Schwanz

 Junge

 Eich-hörnchen

 Hundekorb

  Augen

 Fressnapf

 Katze

 Torte

 Krallen

 Bonbons

 Blitz

 Schokolade

 Zaun

 Süßigkeiten

 Treppe

 Tisch

 Tierärztin

 Teller

 Gläser

 Ketschup

 Gabel

 Kühlschrank

 Messer

 Herd

 Servietten

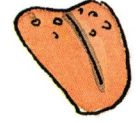 Zunge

 Deckel

 Mund

 Pfanne

 Teppich

 Pommes frites

Werner Färber wurde 1957 in Wassertrüdingen geboren. Er studierte Anglistik und Sport in Freiburg und Hamburg und unterrichtete anschließend an einer Schule in Schottland. Seit 1985 arbeitet er als freier Übersetzer und schreibt Kinderbücher.

Dorothea Tust, 1956 geboren, studierte Grafik-Design mit dem Schwerpunkt Illustration. Seit 1980 ist sie freiberuflich als Illustratorin für verschiedene Verlage tätig. Sie arbeitet außerdem an Trickfilmprojekten und hat schon über 50 Bildergeschichten für „Die Sendung mit der Maus" gemacht.

Mit Bildern lesen lernen

neu

Geschichten vom lustigen ABC

✿

Geschichten vom Baggerführer Berti

✿

Geschichten vom Cowboy Billy

✿

Kleine Geschichten vom Clown Coco

✿

Geschichten vom Gespenst Gundula

✿

Geschichten von der Hexe Hortense

✿

Geschichten vom kleinen Indianer

✿

Geschichten von unserer Lehrerin

✿

Kleine Geschichten von der Nixe Nicky

✿

Geschichten vom kleinen Piraten

✿

Kleine Geschichten von der Prinzessin Pia

✿

Kleine Geschichten von der Uhr

✿

Geschichten von den lustigen Zahlen

neu

... und noch viele andere mehr!

Loewe